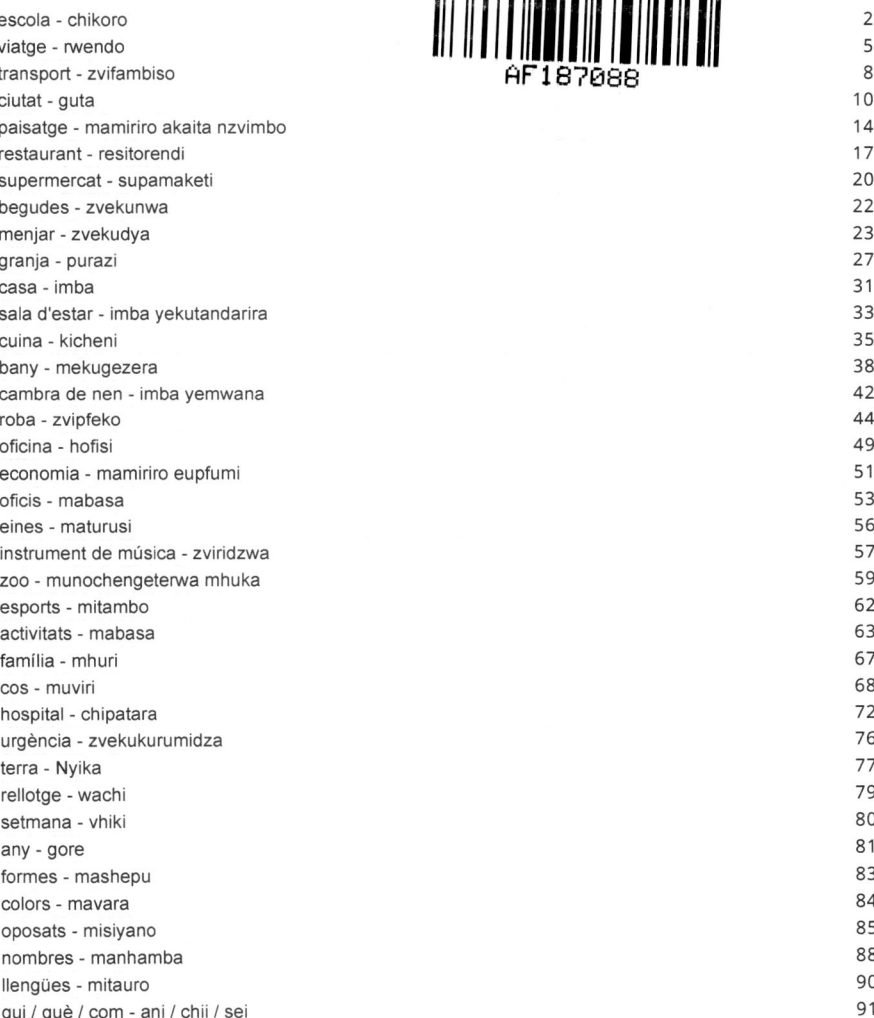

AF187088

Impressum
Verlag: BABADADA GmbH, Nedderfeld 112 , 22529 Hamburg
Geschäftsführer / Verlagsleitung: Harald Hof
Druck: Books on Demand GmbH, In de Tarpen 42, 22848 Norderstedt

Imprint
Publisher: BABADADA GmbH, Nedderfeld 112 , 22529 Hamburg, Germany
Managing Director / Publishing direction: Harald Hof
Print: Books on Demand GmbH, In de Tarpen 42, 22848 Norderstedt

escola

chikoro

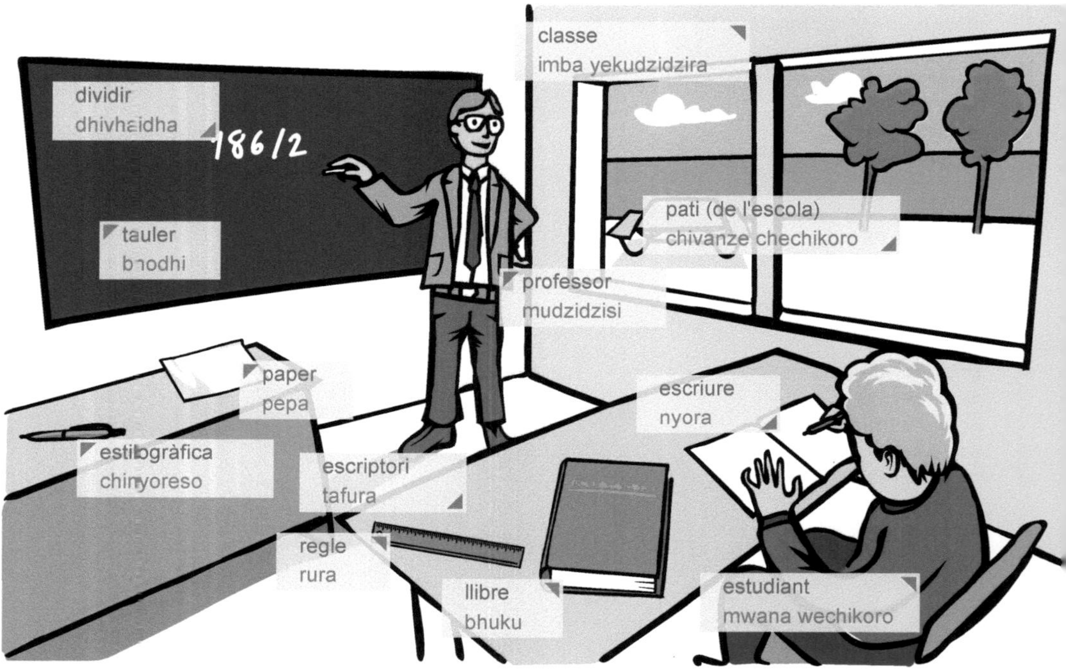
classe
imba yekudzidzira
dividir
dhivhaidha
186/2
tauler
bodhi
pati (de l'escola)
chivanze chechikoro
professor
mudzidzisi
paper
pepa
escriure
nyora
estilogràfica
chinyoreso
escriptori
tafura
regle
rura
llibre
bhuku
estudiant
mwana wechikoro

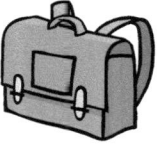

bossa

bhegi

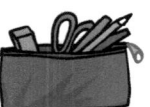

estoig

chekuchengetera mapenzura

llapis

penzura

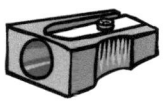

maquineta de fer punta

chekurodzesa mapenzura

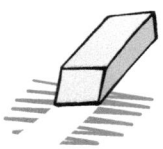

goma

rabha

bloc de dibuix

bhuku rekudhirowera mifananidzo

dibuix
....
mufananidzo
wakadhirowewa

pinzell
....
bhurasho rekupendesa

capsa de pintures
....
bhokisi rependi

tisores
....
chigero

cola
....
guruu

quadern d'exercicis
....
bhuku rekunyorera

deures
....
basa rinoitirwa kumba

12

nombre
....
nhamba

2+2

afegir
....
sanganisa

5-2

sostreure
....
bvisa

2×2

multiplicar
....
wanziridza

calcular
....
kakureta

A

lletra
....
bhii

**ABCDEFG
HIJKLMN
OPQRSTU
VWXYZ**

alfabet
....
arufabheti

hello

mot
....
shoko

escola - chikoro

3

text

mashoko

llegir

kuverenga

guix

choko

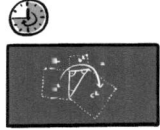

lliçó

chidzidzo

llibre de classe

bhuku remazita

examen

bvunzo

certificat

setifiketi

uniforme escolar

yunifomu yekuchikoro

formació

dzidzo

enciclopèdia

encyclopedia

universitat

yunivhesiti

microscopi

maikorosikopu

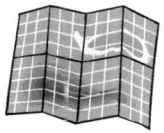

mapa

mepu

paperera

bhini remapepa

viatge
rwendo

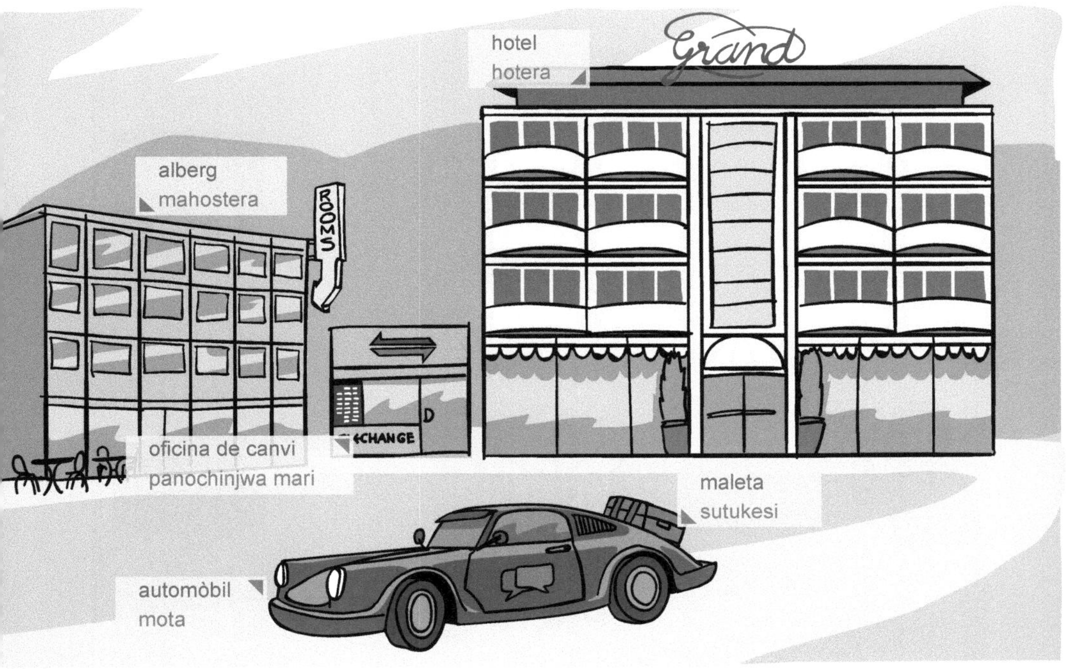
hotel
hotera
Grand
alberg
mahostera
ROOMS
oficina de canvi
panochinjwa mari
EXCHANGE
maleta
sutukesi
automòbil
mota

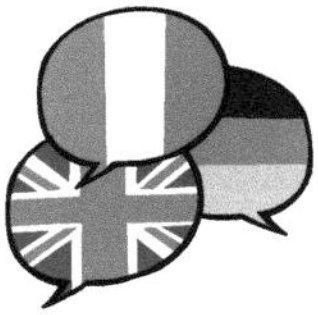

llengua

mutauro

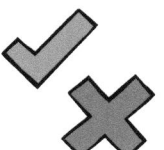

sí / no

hongu / kwete

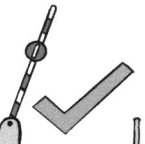

D'acord

Zvakanaka

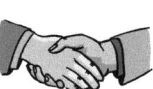

Ey!

hesi

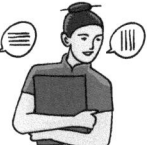

traductora

mushanduri

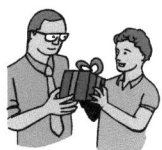

gràcies

Mazvita

Quant costa... ?

Imarii... ?

No entenc

Handisi kunzwisisa

problema

dambudziko

Bona nit!

Manheru!

bon dia!

Mangwanani!

bona nit!

Murare zvakanaka

firs aviat

toonana

direcció

mafambiro

bagatge

katundu

bossa

bhegi

sarrona

bhegi rekumusana

convidat

muenzi

cambra

imba

sac de dormir

bhegi rekurarira

tenda

tendi

oficina de turisme

mashoko evafambi

platja

mahombekombe

carta de crèdit

kadhi rekubhengi

esmorzar

kudya kwemangwanani

dinar

kudya kwemasikati

sopar

kudya kwemanheru

bitllet

tiketi

ascensor

chikwidzo

segell

chitambi

frontera

muganhu

duana

vanoona nezvekupinda
munyika

ambaixada

vamiririri venyika

visat

vhiza

passaport

pasipoti

transport
zvifambiso

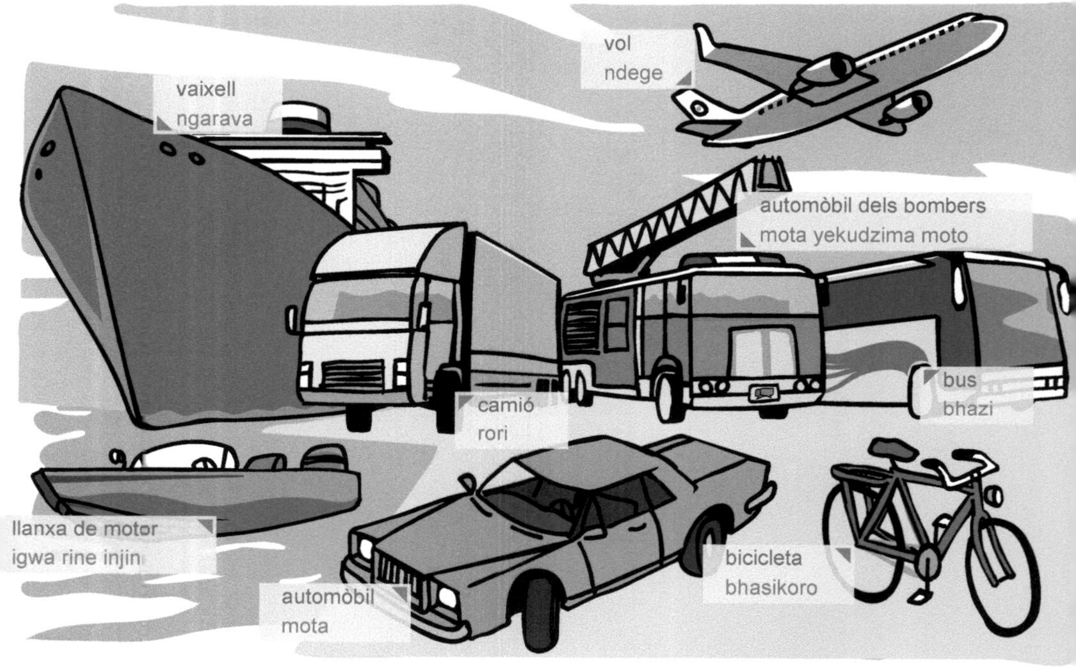
vol
ndege
vaixell
ngarava
automòbil dels bombers
mota yekudzima moto
bus
bhazi
camió
rori
llanxa de motor
igwa rine injin
bicicleta
bhasikoro
automòbil
mota

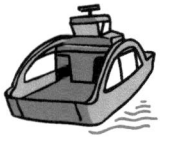

transbordador

igwa

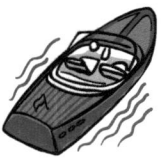

barca

igwa

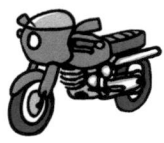

moto

mudhudhudhu

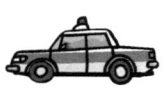

automòbil de policia

mota yemapurisa

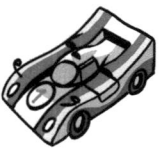

automòbil de curses

mota yemujaho

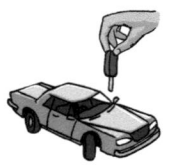

automòbil de lloguer

mota yekuhaya

vehicle compartit
··············
kuhaya mota

grua
··············
mota inodhonza dzinenge dzafa

camió de les escombraries
··············
mota yemabhini

motor
··············
injini

benzina
··············
mafuta

benzineria
··············
garaji remafuta

senyal de trànsit
··············
chikwangwani chemumugwagwa

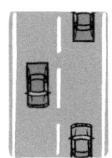

trànsit
··············
mota

embús
··············
mota dzakawandisa

aparcament
··············
panopakwa mota

estació de trens
··············
chiteshi chezvitima

vies
··············
njanji

tren
··············
chitima

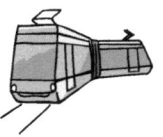

tramvia
··············
tram

vagó
··············
chitima

helicòpter

chikopokopo

aeroport

nhandare yendege

torre

nharire

passatger

mufambi

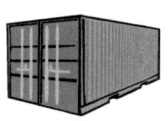

contenidor

chikondena

capsa de cartó

kadhibhodhi bhokisi

carretó

ngoro

cistella

bhasiketi

enlairar-se / aterrar

simuka / mhara

ciutat

guta

poble

musha

centre de la ciutat

pakati peguta

casa

imba

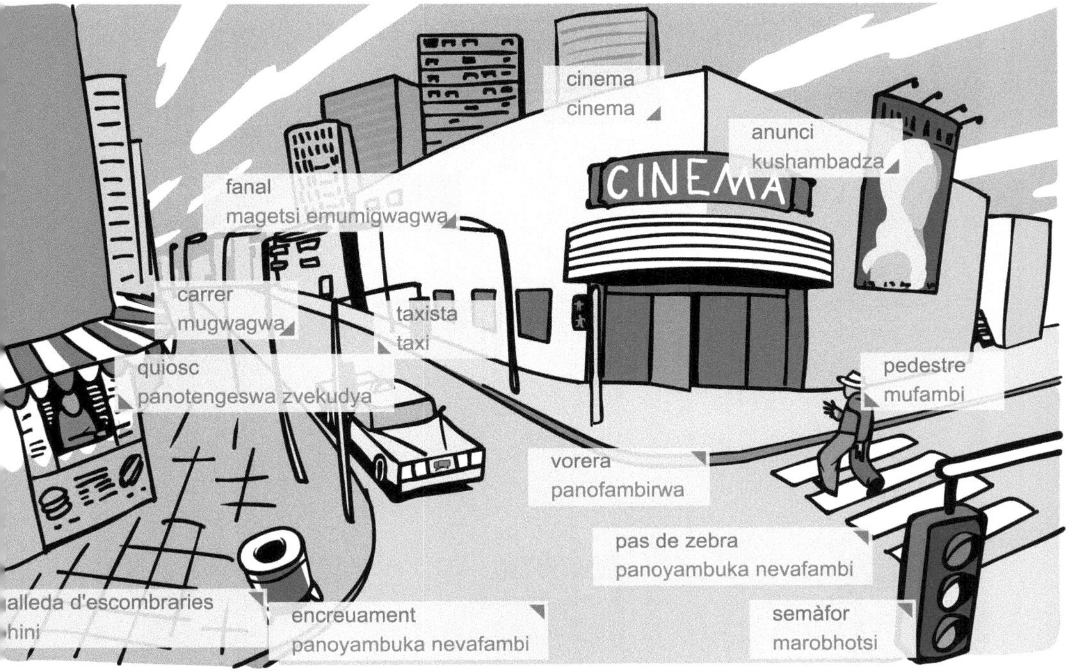
cinema
cinema
anunci
kushambadza
CINEMA
fanal
magetsi emumigwagwa
carrer
mugwagwa
taxista
taxi
quiosc
panotengeswa zvekudya
pedestre
mufambi
vorera
panofambirwa
pas de zebra
panoyambuka nevafambi
alleda d'escombraries
hini
encreuament
panoyambuka nevafambi
semàfor
marobhotsi

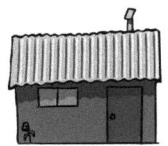

cabana

imba

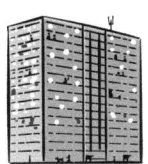

apartament

mafurati

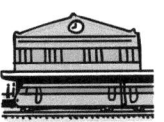

estació de trens

chiteshi chezvitima

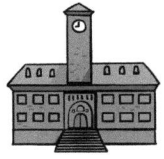

casa de la vila-ciutat

imba yeguta

MUSEUM

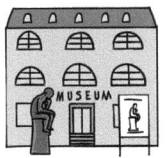

museu

muziyamu

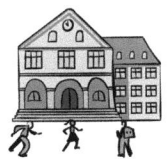

escola

chikoro

universitat
yunivhesiti

banca
bhengi

hospital
chipatara

hotel
hotera

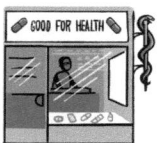

farmàcia
panotengeswa mishonga

oficina
hofisi

llibreria
chitoro chemabhuku

botiga
chitoro

floristeria
panotengeswa maruva

supermercat
supamaketi

mercat
musika

gran magatzem
chitoro chine
madhipatimendi

peixateria
panotengeswa hove

centre comercial
nzimbo ine zvitoro

port
chiteshi chengarava

parc

paki

banc

bhenji

pont

bhiriji

escala

masitepisi

metro

nzira inoenda nepasi

túnel

mugwagwa wepasi

parada d'autobús

panokwirirwa mabhazi

bar

bhawa

restaurant

resitorendi

bústia de correu

bhokisi retsamba

senyal indicador

chikwangwani
chemugwagwa

parquímetre

mita yekupaka

zoo

munochengeterwa mhuka

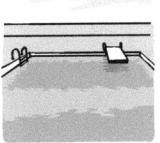

piscina

kunotuhwinirwa

mesquita

mosque

granja
burazi

pol·lució
kusvibisa

cementiri
kumakuva

església
chechi

parc infantil
pekutambira

temple
temberi

paisatge

mamiriro akaita nzvimbo

fulla
shizha

cartell indicador
chikwangwani

camí
nzira

prat
mafuro

pedra
dombo

excursionista
mutambi

arbre
muti

riu
rwizi

gespa
uswa

flor
ruva

vall
mupata

muntanya
gomo

llac
dhamu

bosc
sango

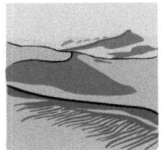

desert
gwenga

volcà
chikwatamabwe

castell
zimba

arc de Sant Martí
muraraungu

bolet
hohwa

palmera
muchindwe

moscard
umhutu

mosca
nhunzi

formiga
svosve

abella
nyuchi

aranya
buve

escarabat

chipembenene

granota

datya

esquirol

tsindi

eriçó

nungu

llebre

tsuro

òliba

zizi

ocell

shiri

cigne

swan

senglar

nguruve yemusango

cervo

rondo

ant

moose

presa

dhamu

turbina

injini yemhepo

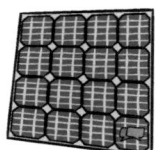

panell solar

panero rezuva

clima

mamiriro ekunze

paisatge - mamiriro akaita nzvimbo

cambrer
hweta

menú
menyu

cadira
cheya

sopa
supu

pizza
pitsa

coberts
zvekushandisa pakudya

tovalla
jira repatebhuru

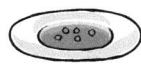

primer plat
zvekusosa nzara

plat principal
zvekudya

darreries
zvekuseredzera

begudes
zvekunwa

menjar
zvekudya

ampolla
bhodhoro

menjar ràpid

zvekudya zvisingatori nguva kubika

menjar de carrer

chikafu chinotengeswa munzira

tetera

tipoti

sucrer

gabha reshuga

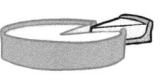

porció

chidimbu

màquina d'espresso

muchina wekofi

trona

cheya yemwana

factura

bhiri

plata

tureyi

ganivet

banga

forqueta

forogo

cullera

chipunu

cullereta

chipunu

tovalló

zvekupukutisa muromo

got

girazi

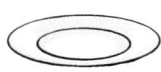

plat
ndiro

plat de sopa
ndiro yesupu

plateret
ndiro

salsa
supu

saler
chekuisira sauti

molinet de pebre
chekugaya mhiripiri

vinagre
vhiniga

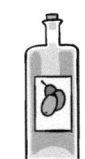

oli
mafuta

espècies
masipaisi

quètxup
ketchup

mostassa
mustard

maionesa
mayonaizi

oferta especial
zvaderedzwa mitengo

client
mutengi

productes lactis
zvinogadzirwa nemukaka

fruites
michero

carret de la compra
chingoro

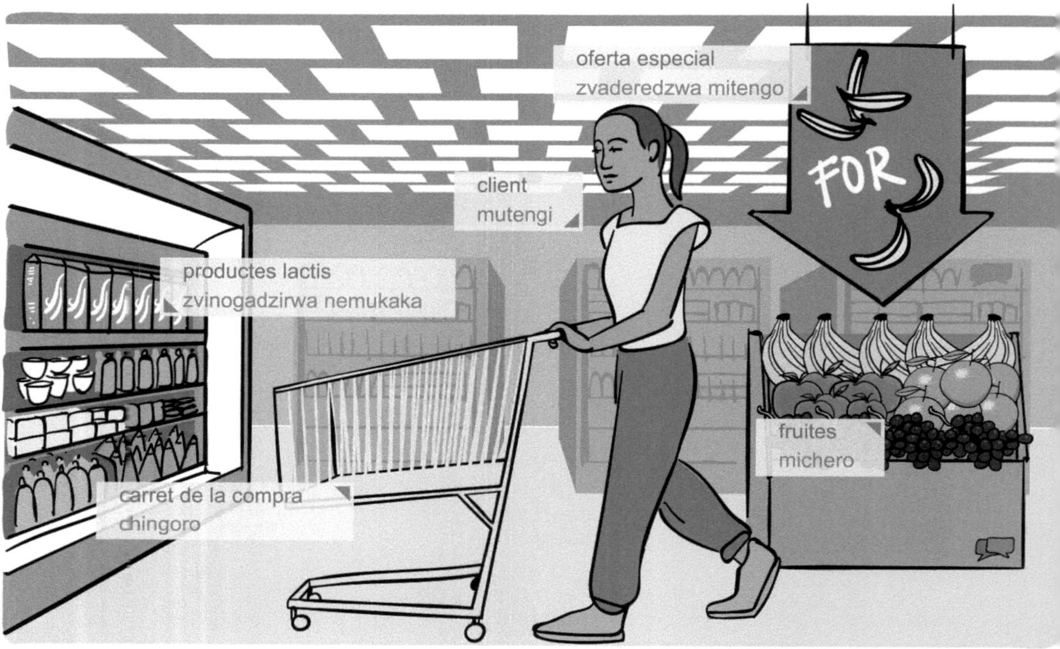

carnisseria

panotengeswa nyama

forn de pa

panotengeswa chingwa

pesar

kuyera

verdures

miriwo

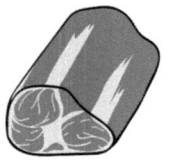

carn

nyama

menjar congelat

zvekudya zvakaoma
nechando

carn freda
nyama yakatonhora

conserves
zvekudya zvemugaba

detergent en pols
sipo yeupfu yekuwachisa

dolços
masuwiti

articles domèstics
zvekushandisa mumba

productes de neteja
zvekuchenesa nazvo

venedora
mutengesi

caixa registradora
tiru

caixera
mutengesi

llista de la compra
zviri kuda kutengwa

horari d'obertura
nguva dzekuvhura

portamonedes
chikwama

carta de crèdit
kadhi rekubhengi

bossa
bhegi

bossa de plàstic
pepa rekuisira

aigua

mvura

suc

muto wemichero

llet

mukaka

coca-cola

coke

vi

waini

cervesa

doro

alcohol

doro

cacau

cocoa

te

tii

cafè

kofi

espresso

kofi

cappuccino

cappuccino

banana

bhanana

poma

apuro

taronja

orenji

síndria

nwiwa

llimona

ndimu

pastanaga

karotsi

all

gariki

bambú

mushenjere

ceba

hanyanisi

bolet

hohwa

avellanes

nzungu

fideus

manoodle

escaguetis

spaghetti

arròs

mupunga

amanida

saradhi

patates fregides

machipisi

patates fregides

mbatatisi dzakafuraiwa

pizza

pitsa

hamburguesa

chingwa chakaruma nyama

entrepà

sangweji

escalopa

nhindi

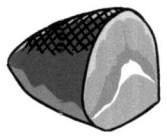

cuixot

ham

salami

salami

salsitxa

soseji

pollastre

huku

rostit

gochwa

peix

hove

flocs de civada

bota reoats

musli

muesli

cereals

macornflake

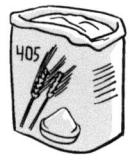

farina

furawa

croissant

croissant

panet

chingwa

pa

chingwa

torrada

chingwa chakagochwa

bescuits

mabhisikiti

mantega

bhata

mató

ige

pastís

keke

ou

zai

ou fregit

zai rakafuraiwa

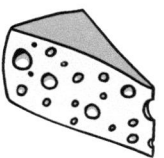

formatge

chizi

menjar - zvekudya

gelat

aizikirimu

sucre

shuga

mel

huchi

melmelada

jemu

crema de xocolata

chocolate yekuzora

curri

curry

menjar - zvekudya

granja
purazi

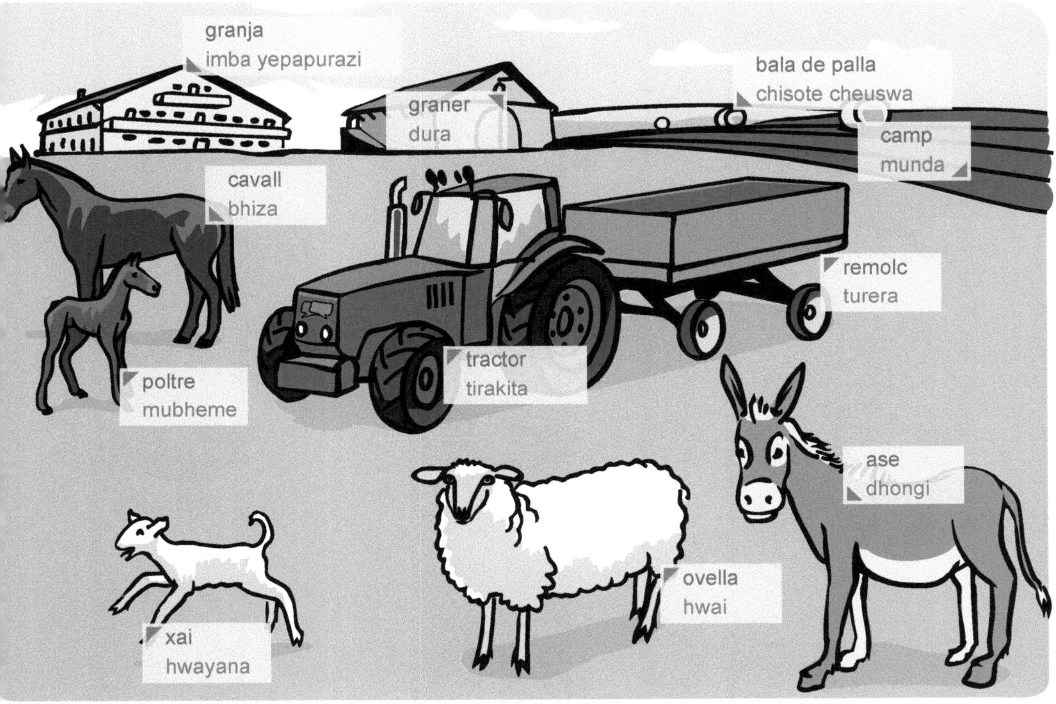

granja
imba yepapurazi
bala de palla
chisote cheuswa
graner
dura
camp
munda
cavall
bhiza
remolc
turera
tractor
tirakita
poltre
mubheme
ase
dhongi
ovella
hwai
xai
hwayana

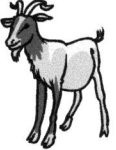

cabra

mbudzi

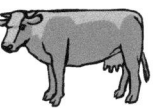

vaca

mhou

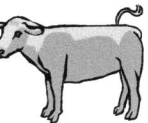

vedella

mhuru

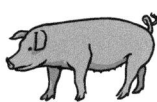

porc

nguruve

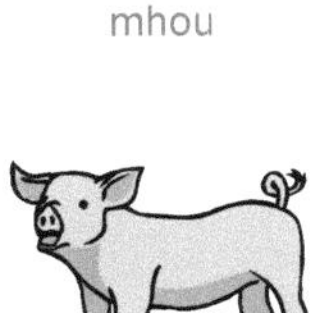

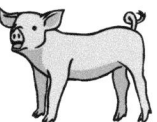

garrí

chigwi

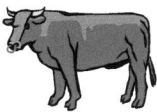

bou

bhuru

oca

ɟhadha

ànec

dhakisi

poll

nhiyo

gall

tʒeketsa

gallina

jongwe

rata

gonzo

gat

katsi

ratolí

mbeva

bou

dhonza

gos

mbwa

gossera

imba yembwa

mànega de regar

pombi yemvura

regadora

keni yɘkudiridzisa

dalla

jeko

arada

gejo

falç
jeko

aixada
badza

forca
forogo

destral
demo

carretó
bhara

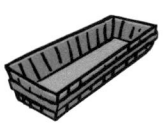

abeurador
chidyiro

lletera
bhodhoro remukaka

sac
saga

tanca
fenzi

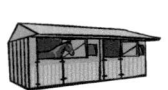

establa
danga

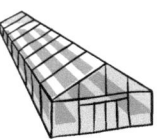

hivernacle
greenhouse

sòl
ivhu

llavor
mbeu

adob
fetereza

collidora
mota yekukohwesa

collir

kukohwa

collita

gohwo

nyam

mbatatisi

blat

gorosi

soja

soya

patata

mbatatisi

blat de moro o d'indi

chibage

colza

rapeseed

arbre fruiter

muti wemichero

mandioca

mufarinya

cereals

mbesa

casa

imba

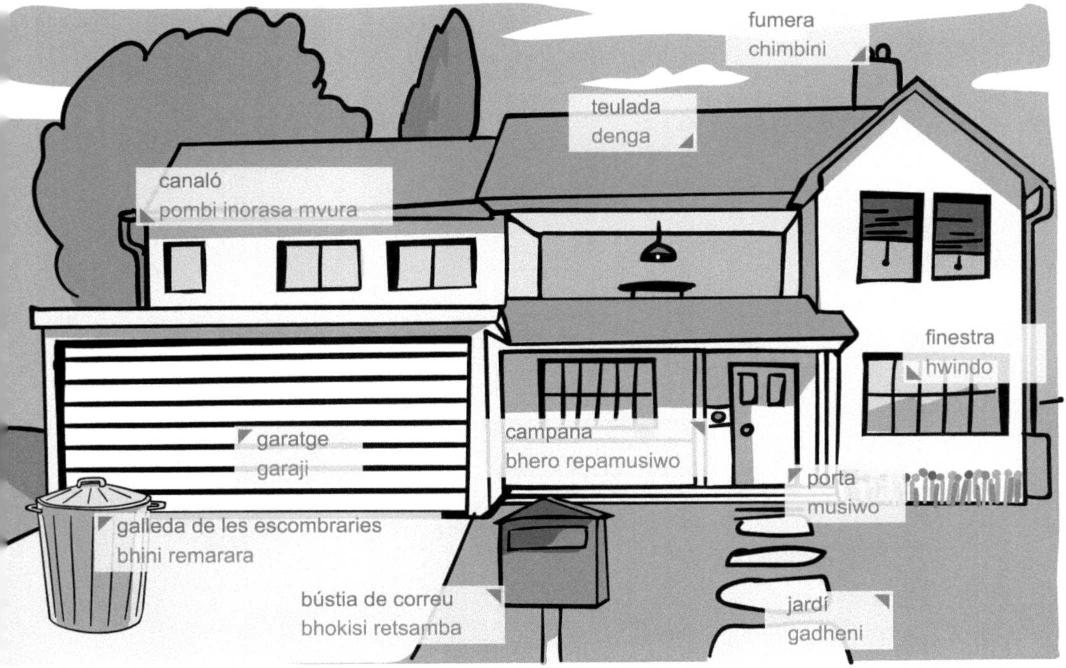

fumera
chimbini
teulada
denga
canaló
pombi inorasa mvura
finestra
hwindo
garatge
garaji
campana
bhero repamusiwo
porta
musiwo
galleda de les escombraries
bhini remarara
bústia de correu
bhokisi retsamba
jardí
gadheni

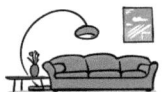

sala d'estar

imba yekutandarira

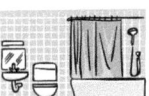

bany

mekugezera

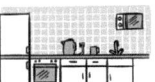

cuina

kicheni

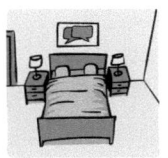

cambra de dormir

imba yekurara

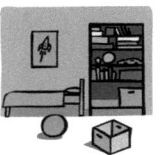

cambra de nen

imba yemwana

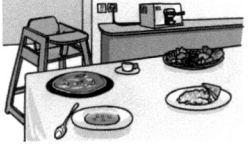

menjador

imba yekudyira

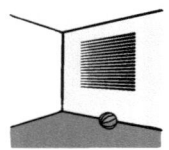

sòl
uriri

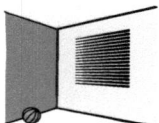

paret
madziro

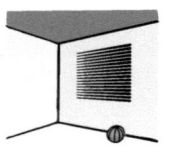

sostre
denga

soterrani
imba yepasi

sauna
sauna

balcó
vharanda repadenga

terrassa
uriri hwepadenga

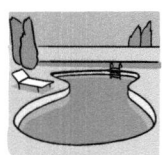

piscina
dziva rekushambira

tallagespa
muchina wekuchekesa
uswa

vànova
jira

cobrellit
chekufukidza mubhedha

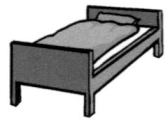

llit
mubhedha

escombra
bhurumu

galleda
bhaketi

interruptor
suwichi

sala d'estar
imba yekutandarira

paper de paret
pepa remadziro
quadre
pikicha
làmpada
rambi
prestatge
sherufu
armari
kabhati
televisor
TV
escalfapanxes
nzvimbo yemoto
flor
ruva
coixí
kusheni
sofà
sofa
gerro
vhazi
telecomanda
rimoti

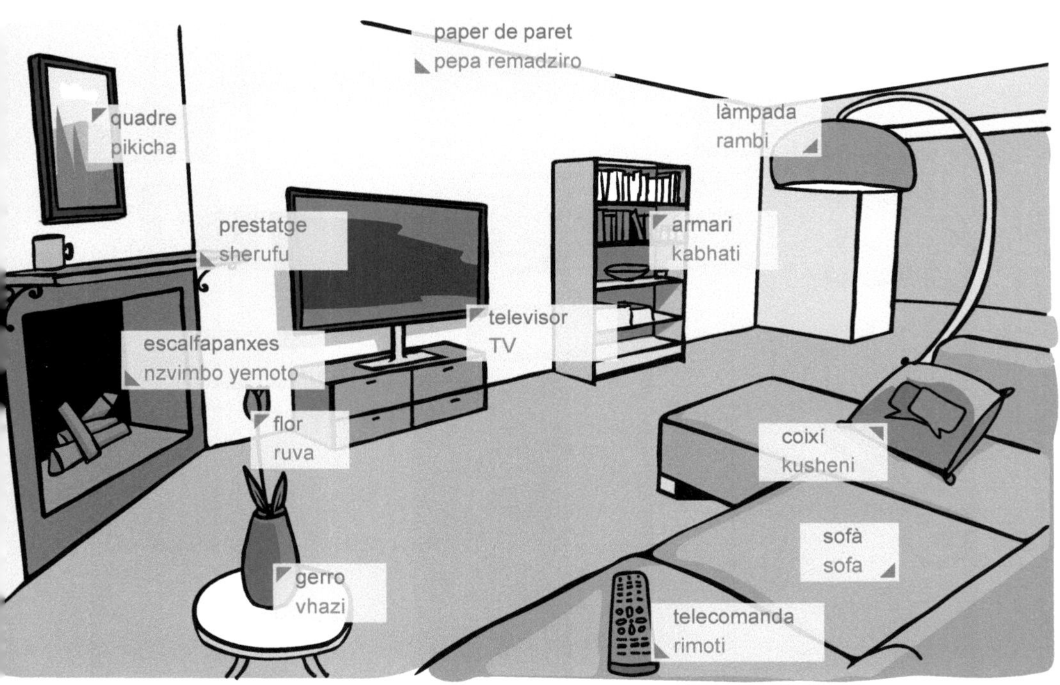

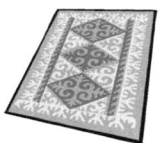

catifa

kapeti

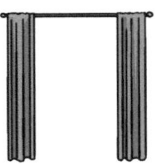

cortina

keteni

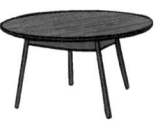

taula

tebhuru

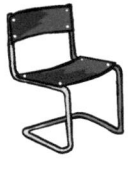

cadira

cheya

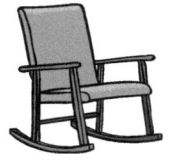

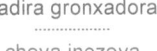

cadira gronxadora

cheya inozeya

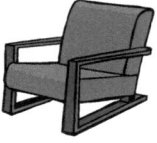

cadiral

cheya ine pekuisa maoko

llibre

bhuku

llençol

gumbeze

decoració

marongedzero

llenya

huni

film

firimu

cadena de música

redhiyo yehi-fi

clau

kii

diari

pepanhau

pintura

mufananidzo

cartell

posita

ràdio

redhiyo

bloc de notes

pekunyorera

aspiradora

muchina wekuhuvhisa

cactus

chinanazi

candela

kenduru

cuina
kicheni

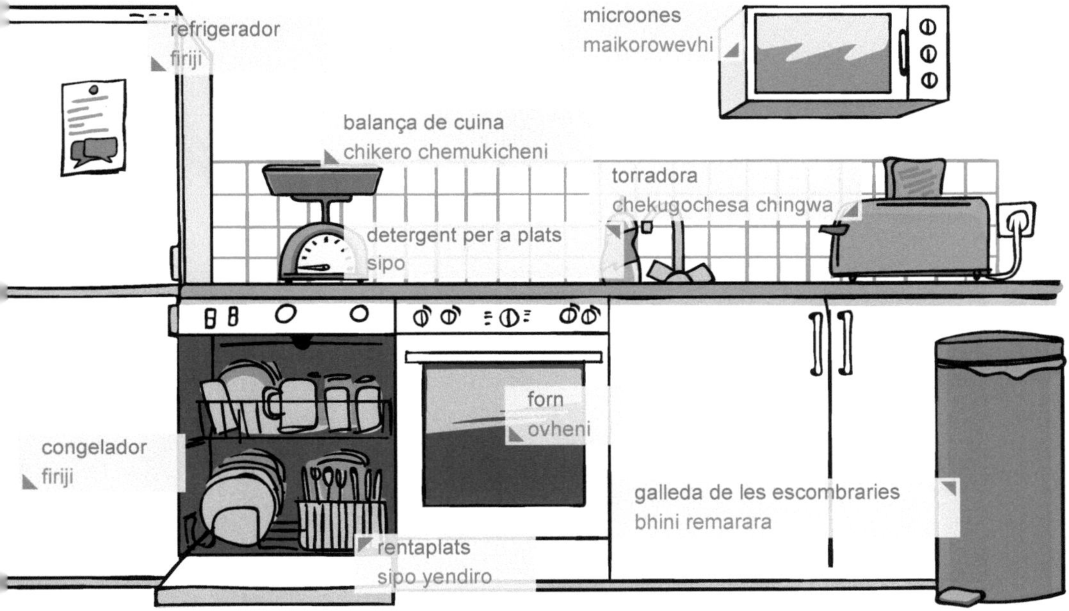
refrigerador
firiji
microones
maikorowevhi
balança de cuina
chikero chemukicheni
torradora
chekugochesa chingwa
detergent per a plats
sipo
forn
ovheni
congelador
firiji
galleda de les escombraries
bhini remarara
rentaplats
sipo yendiro

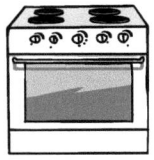

cuina de fogons
chitofu

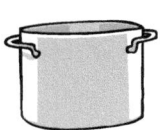

olla
poto

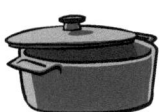

olla de ferro colat
poto yesimbi

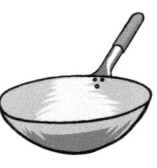

wok / karahi
wok / kadai

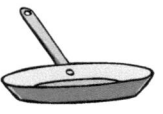

paella
pani

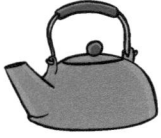

bullidor
ketero

olla de vapor

chekubikisa neutsi
hwemvura

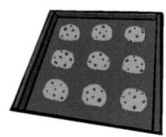

plata de forn

turei yekubhekesa

vaixella

ndiro

tassa grossa

kapu

bol

dishi

bastonets xinesos

tumiti twekudyisa

culler

chipunu

espàtula

chipunu

batedor

chekusanganisisa

colador

chekukunisa

sedàs

chekukunisa

ratllador

chekugiretesa

morter

duri

barbacoa

chiwaya

foc a terra

moto

taula de tallar

chekuchekera

corró

chekutsimbiririsa
mukanyiwa

llevataps

chekuvhurisa mabhodhoro
ewaini

pot de conserva

tini

obridor

chekuvhurisa tini

agafador

girovhosi rekubatisa
zvinopisa

aigüera

singi

raspall

bhurasho

esponja

chipanji

batedora

chinosanganisa

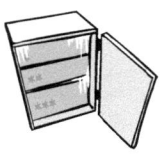

congelador

firiji

biberó

bhodhoro remwana

aixeta

pombi

bany
mekugezera

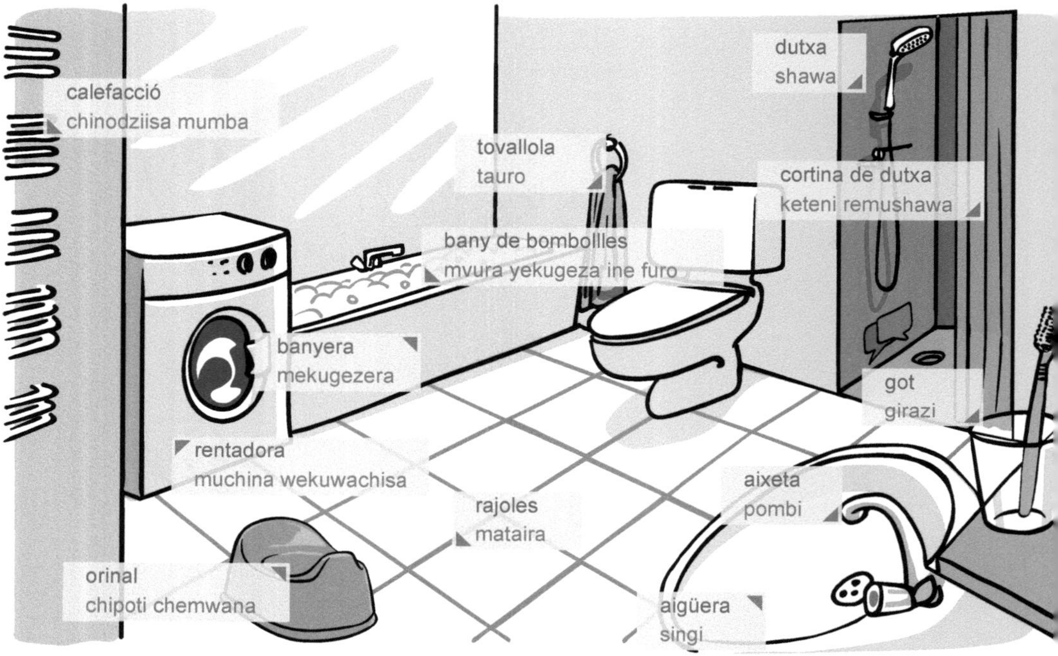

calefacció
chinodziisa mumba
tovallola
tauro
dutxa
shawa
cortina de dutxa
keteni remushawa
bany de bombollles
mvura yekugeza ine furo
banyera
mekugezera
got
girazi
rentadora
muchina wekuwachisa
aixeta
pombi
rajoles
mataira
orinal
chipoti chemwana
aigüera
singi

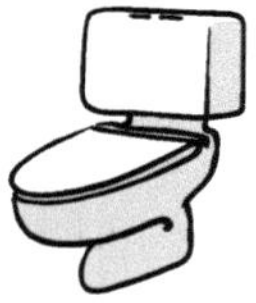

lavabo

toireti

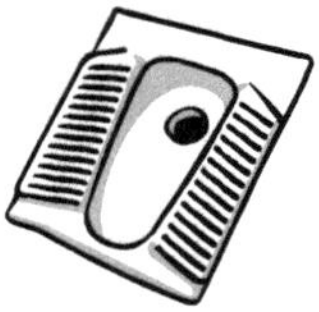

lavabo turc

toireti yegomba

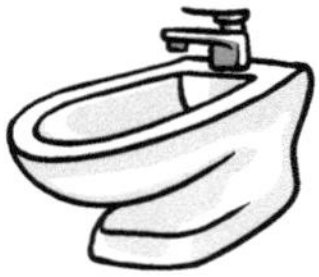

bidet

chemba

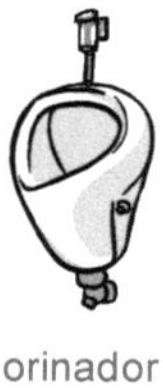

orinador

chekuitira weti chevarume

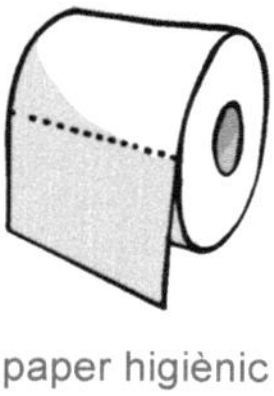

paper higiènic

pepa remutoireti

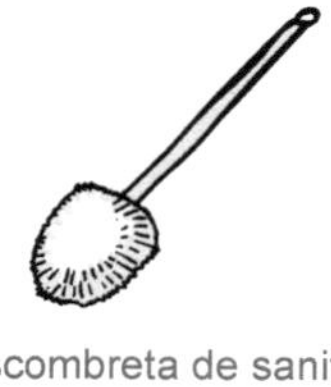

escombreta de sanitari

bhurasho remutoireti

raspall de dents

bhurasho remazino

pasta de dents

mushonga wemazino

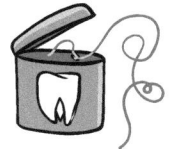

fil dental

tambo yekugezesa mazino

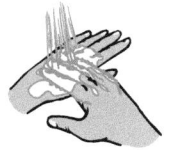

rentar

kugeza

pom de dutxa

shawa yekuita zvekubata

dutxa íntima

douche

rentamans

bheseni

raspall per a l'esquena

bhurasho remusoro

sabó

sipo

gel de dutxa

sipo yekugezesa mushawa

xampú

shambuu

manyopla de bany

chekugezesa

bonera

dhireni

crema

mafuta

desodorant

chinonhuwirira

mirall

girazi

mirall-espill de mà

girazi remumaoko

maquineta de rasar

chekugeresa ndebvu

espuma de barbejar

furo rekugeresa ndebvu

loció post-rasada

mafuta ekuzora wagera
ndebvu

pinta

kamu

raspall

bhurasho

eixugador

chekuomesa bvudzi

laca

mushonga wekupfapfaidza
musoro

maquillatge

zvekupodesa

pintallavis

chekupendesa muromo

esmalt d'ungles

chekupendesa nzara

cotó

donje

tallaungles

chigero chenzara

perfum

pefiyumu

estoig de bellesa

bhegi rezvekugezesa

tamboret

chituro

bàscula

chikero

barnús

bathrobe

guants de goma

magirovhosi erabha

compresa higiènica

tampon

compresa

pedhi

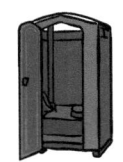

sanitari químic

toireti inotakurwa

cambra de nen
imba yemwana

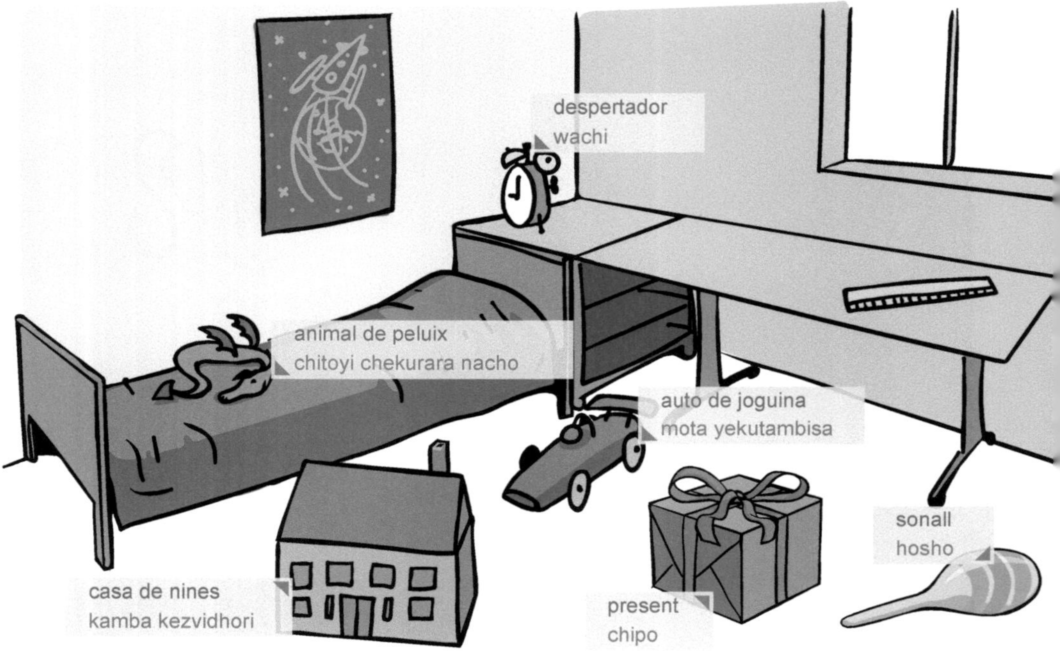

despertador
wachi
animal de peluix
chitoyi chekurara nacho
auto de joguina
mota yekutambisa
sonall
hosho
casa de nines
kamba kezvidhori
present
chipo

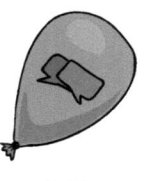

balό

chibharuma

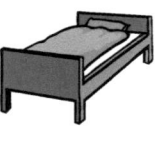

llit

mubhedha

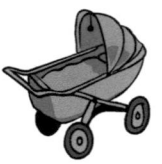

cotxet per a nens

purema

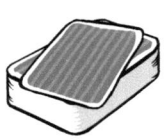

joc de cartes

makadhi ekutamba

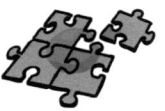

trencaclosca

puzzle

SUPER MEGA

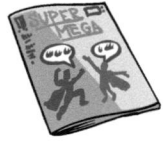

historieta

makatuni ekuverenga

peces de lego

zvekuvakisa zvinhu

peces de construcció

mabhuroko ekuvakisa

ninot d'acció

chidhori

granota

babygrow

frisbee

chekutambisa uchikanda

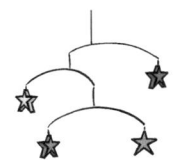

mòbil per a bressol

zvekuvaraidza mwana

joc de taula

gemu rinotambirwa
pabhodhi

daus

dhaisi

tren elèctric

zvitima zvekutambisa

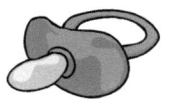

xumet

chidhami

festa

mabiko

llibre de dibuixos

bhuku remapikicha

pilota

bhora

nina

chidhori

jugar

kutamba

sorrera

majecha ekutambira

gronxador

muzeerere

joguines

zvekutambisa

consola de jocs de vídeo

chekutambisa magemu
emavhidhiyo

tricicle

kabhasikoro kemavhiri
matatu

osset de peluix

teddy bear

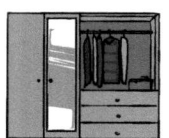

armari

wadhiropu

roba

zvipfeko

mitjons

masokisi

mitges

masokisi

mitja pantaló

matirauzi anobata muviri

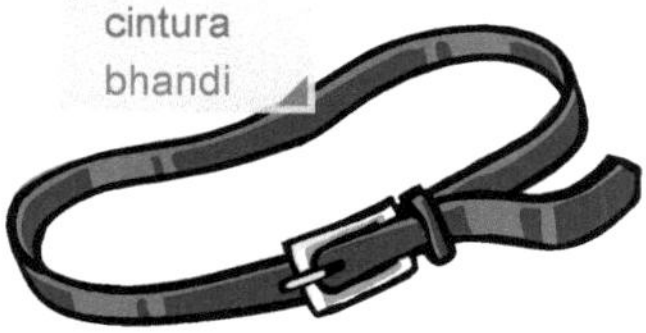

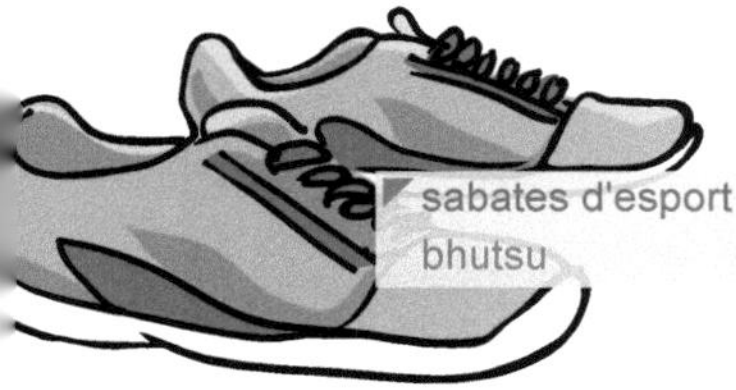

tapacoll
sikavha

paraigua
amburera

cintura
bhandi

camiseta
t-sheti

botes
majombo

plantofes
bhutsu

sabates d'esport
bhutsu

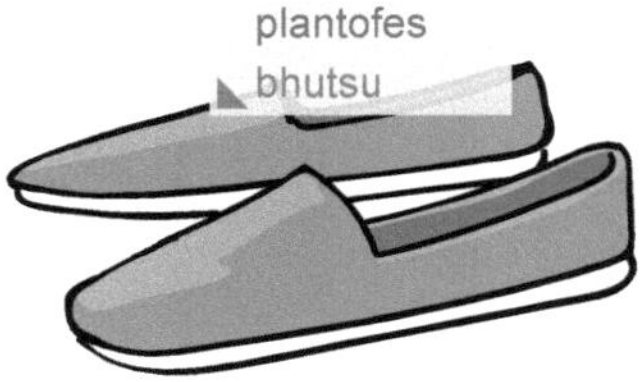

sandàlies
·················
masanduru

sabates
·················
bhutsu

botes de goma
·················
magambutsu

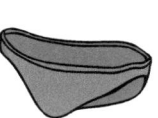

calçonets
·················
nduwe

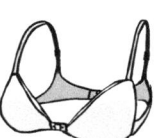

sostenidor
·················
bhodhi

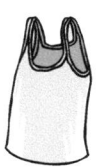

guardapits
·················
vhesi

jjustacòs

muviri

pantalons

tirauzi

jeans

jini

faldeta

siketi

brusa

bhurauzi

camisa

hembe

jersei

bhachi

dessuadora

chibhachi

blazer

bhachi

jaqueta

bhachi

mantell

jasi

impermeable

renikoti

vestit de dona

koshitomu

vestit de dona

dhirezi

vestit de núvia

dhirezi remuchato

vestit d'home

sutu

camisa de dormir

hembe yekurarisa

pijama

mapijama

sari

chari

mocador de cap

headscarf

turbant

heti

burca

burqa

caftan

kaftan

abaia

abaya

vestit de bany

hembe yekutuhwinisa

calçon(et)s de bany

chikabudura

pantalons curts

chikabudura

xandall

tirekisutu

davantal

apuroni

guants

magirovhosi

botó

bhatani

ulleres

magirazi

braçalet

bhenguru

collaret

chuma

anell

rin'i

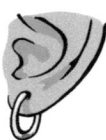

orellera

mhete

casquet

kepisi

penjador

hen'a

capell

heti

corbata

tai

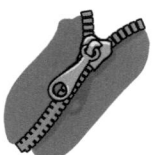

cremallera

zipi

casc

herumeti

elàstics

mabhandi

uniforme escolar

yunifomu yekuchikoro

uniforme

yunifomu

pitet

chibhibhi

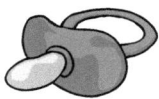

xumet

chidhami

bolquer

napukeni

oficina
hofisi

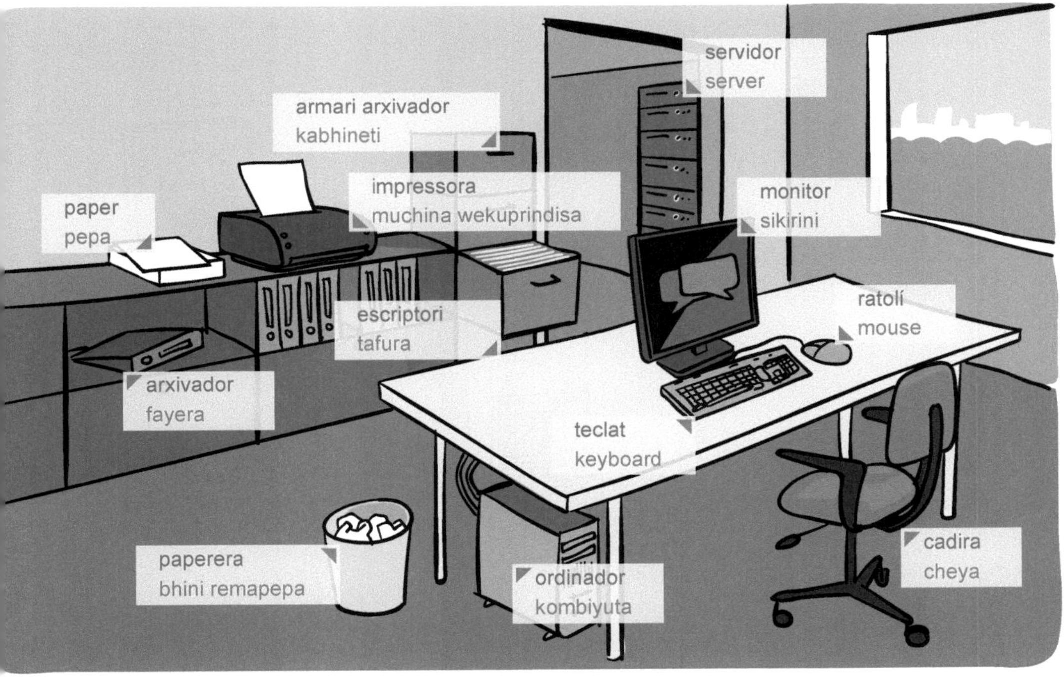

servidor
server

armari arxivador
kabhineti

impressora
muchina wekuprindisa

paper
pepa

monitor
sikirini

escriptori
tafura

ratolí
mouse

arxivador
fayera

teclat
keyboard

cadira
cheya

paperera
bhini remapepa

ordinador
kombiyuta

tassa de cafè

kapu yekofi

calculadora

kakureta

Internet

indaneti

ordinador portàtil

laptop

lletra

tsamba

missatge

tsamba

mòbil

serura

xarxa

network

fotocopiadora

muchina wekufotokopesa

programari

software

telèfon

foni

presa de corrent

pekupfekera magetsi

fax

muchina wefax

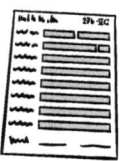

formulari

fomu

document

gwaro

comprar

kutenga

pagar

kubhadhara

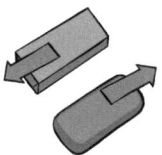

comerciar

kutengesa

diners

mari

dòlar

Dhora

euro

Euro

ien

Yen

ruble

rouble

franc suís

Swiss franc

renminbi

renminbi yuan

rupia

rupee

caixa automàtica

panobhadharwa

oficina de canvi

panochinjwa mari

or

goridhe

argent

sirivha

petroli

mafuta

energia

magetsi

preu

mutengo

contracte

chibvumirano

impost

mutero

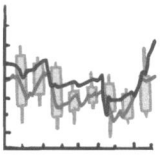

acció

masitoku

treballar

kushanda

treballador

mushandi

empresari

mushandirwi

fàbrica

fekitari

botiga

chitoro

oficis
mabasa

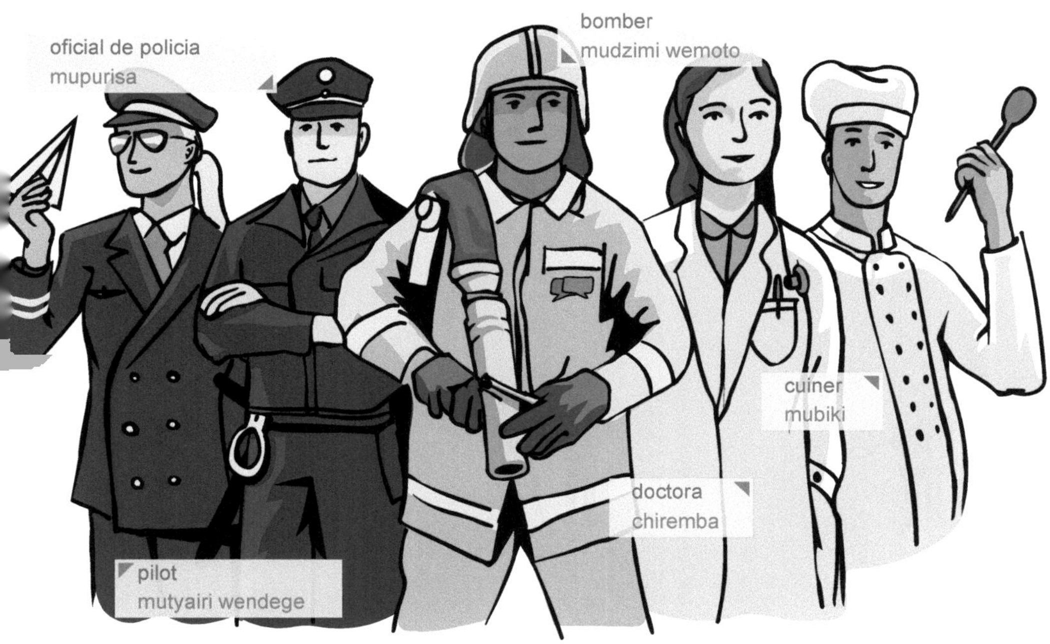

oficial de policia
mupurisa
bomber
mudzimi wemoto
cuiner
mubiki
doctora
chiremba
pilot
mutyairi wendege

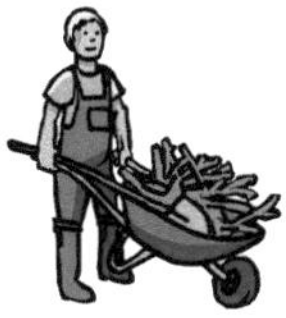

jardiner

mushandi wemugadheni

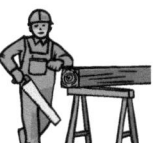

fuster

muvezi

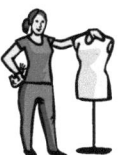

costurera

mukadzi anosona

jutge

mutongi

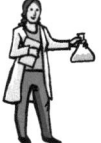

química

anoita zvemishonga

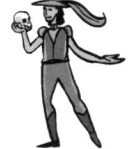

actor

ekita

conductor d'autobús

mutyairi webhazi

taxista

mutyairi wetaxi

pescador

muredzi

dona de la neteja

mudzimai anochenesa

ensostrador

anogadzira denga

cambrer

hweta

caçador

muvhimi

pintor

anopenda

forner

mubiki wechingwa

electricista

mugadziri wemagetsi

obrer de la construcció

muvaki

enginyer

injiniya

carnisser

mushandi wemubhucha

llanterner

puramba

correu

positimeni

soldat

musoja

arquitecte

anoita mapurani edzimba

caixera

mutengesi

florista

mugadziri wemaruva

perruquer

mugadziri wemusoro

revisor

kondakita

mecànic

makanika

capità

kaputeni

dentista

chiremba wemazino

científic

musayindisti

rabí

rabbi

imam

imam

monjo

mumonk

capellà

mufundisi

eines
maturusi

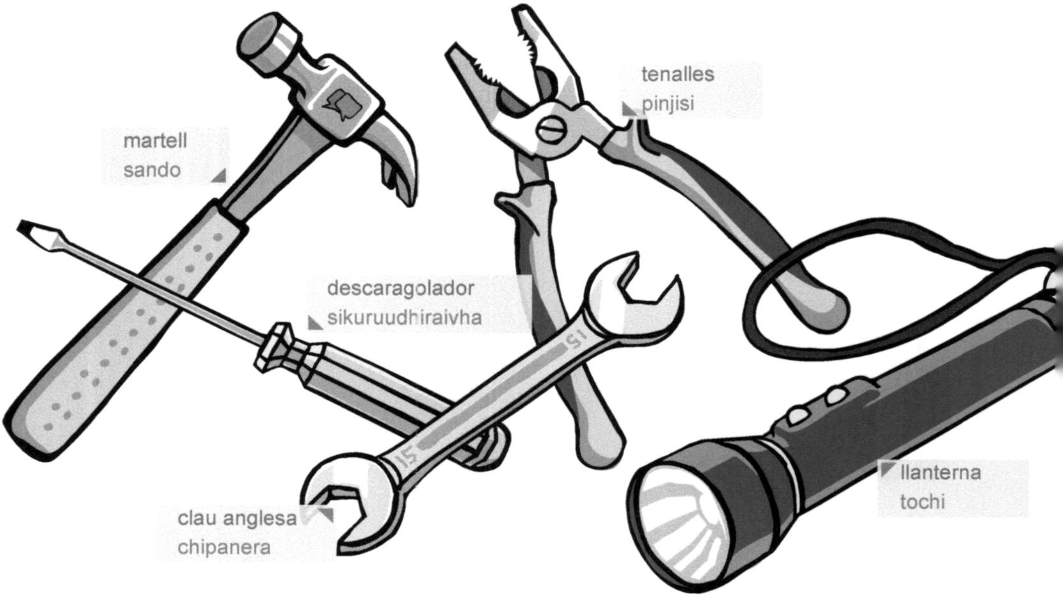
martell
sando
tenalles
pinjisi
descaragolador
sikuruudhiraivha
clau anglesa
chipanera
llanterna
tochi

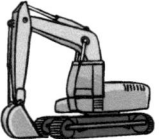

excavadora

chikatapira

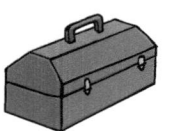

caixa d'eines

bhokisi rematurusi

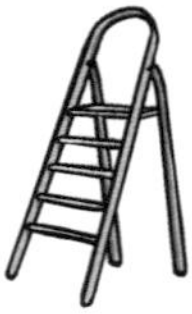

escala

manera

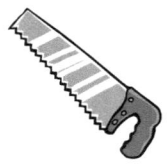

serra

saha

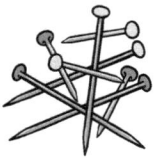

claus

zvipikiri

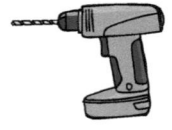

trepant

chibooreso

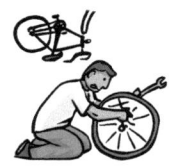

reparar

kugadzira

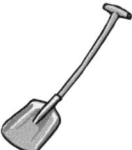

pala

foshoro

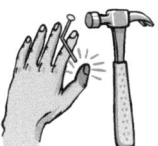

Maleït siga!

Nxa!

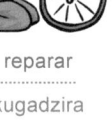

pala

chidyoreso

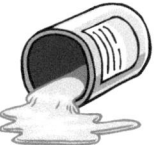

pot de pintura

gaba rependi

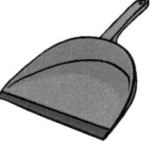

caragols

masikuruu

instrument de música
zviridzwa

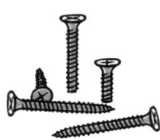

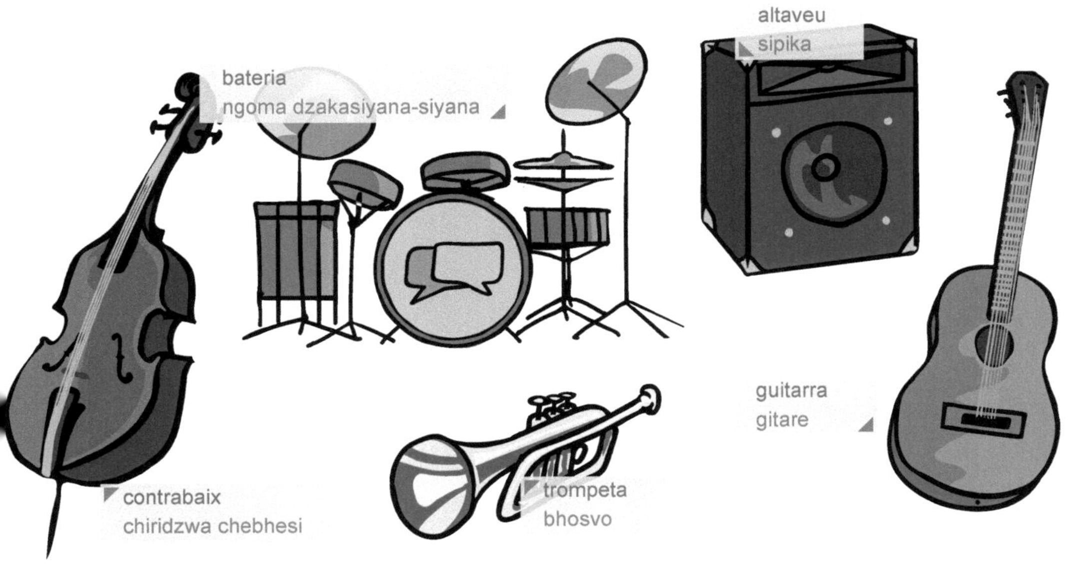

altaveu
sipika
bateria
ngoma dzakasiyana-siyana
guitarra
gitare
contrabaix
chiridzwa chebhesi
trompeta
bhosvo

piano

piyano

violí

violin

baix

gitare rebhesi

timbal

ngoma

tambor

ngoma

teclat

piyano yemagetsi

saxofon

saxophone

flauta

nyere

micròfon

maikorofoni

munochengeteterwa mhuka

entrada
pekupindisa
tigre
tiger
gàbia
chizarira
zebra
mbizi
aliment per a animals
chikafu chemhuka
ós panda
panda

animals

mhuka

elefant

nzou

cangurú

kangaruru

rinoceront

chipembere

goril·la

gorilla

ós

bear

camell

ngamera

estruç

mhou

lleó

shumba

simi

tsoko

flamenc

flamingo

papagai

parrot

ós polar

bear rekuchando

pingüí

penguin

ca mari

shark

paó

pikoko

serp

nyoka

cocodril

garwe

guardià del zoo

muchengeti wenzvimbo
yemhuka

foca

seal

jaguar

jaguar

poni

nyurusi

lleopard

ingwe

hipopòtam

mvuu

girafa

twiza

àliga

gondo

senglar

nguruve yemusango

peix

hove

tortuga

kamba

morsa

walrus

guineu

gava

gasela

nhoro

futbol americà
bhora rekuAmerica

ciclisme
kuchovha

tenis
tenisi

bàsquet
bhora rebhasiketi

natació
kutuhwina

boxa
tsiva

hoquei sobre gel
hockey yemuchando

futbol americà

nhabvu

bàdminton

badminton

atletisme

zvekumhanya

handbol

bhora remaoko

esquí

kuita ski

polo

polo

riure
kuseka

saltar
kusvetuka

abraçar
kumbundira

anar
kufamba

cantar
kuimba

somiar
kurota

pregar
kunyengetera

fer un petó
kutsvoda

escriure
nyora

dibuixar
kudhirowa

mostrar
kuratidza

pitjar
kusunda

donar
kupa

prendre
kutora

tenir

kuva ne

fer

kuita

ésser

kuva

estar dret

kumira

córrer

kumhanya

estirar

kudhonza

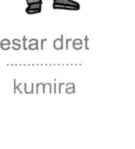

llançar

kukanda

caure

kudonha

jeure

kurara

esperar

kumirira

portar

kutakura

asseure's

kugara

vestir-se

kupfeka

dormir

kurara

despertar-se

kumuka

mirar

kutarisa

plorar

kuchema

amoixar

kupuruzira

pentinar

kukama

parlar

kutaura

comprendre

kunzwisisa

demanar

kubvunza

escoltar

kuteerera

beure

kunwa

menjar

kudya

endreçar

kuchenesa

estimar

kuda

cuinar

kubika

conduir

kutyaira

volar

kubhururuka

activitats - mabasa

navegar

kufambiswa nemhepo

calcular

kakureta

llegir

kuverenga

aprendre

kudzidza

treballar

kushanda

casar-se

kuroora / kuroorwa

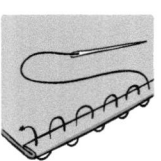

cosir

kusona

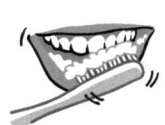

raspallar-se les dents

kukwesha mazino

matar

kuuraya

fumar

kuputa

enviar

kutumira

66   activitats - mabasa

família
mhuri

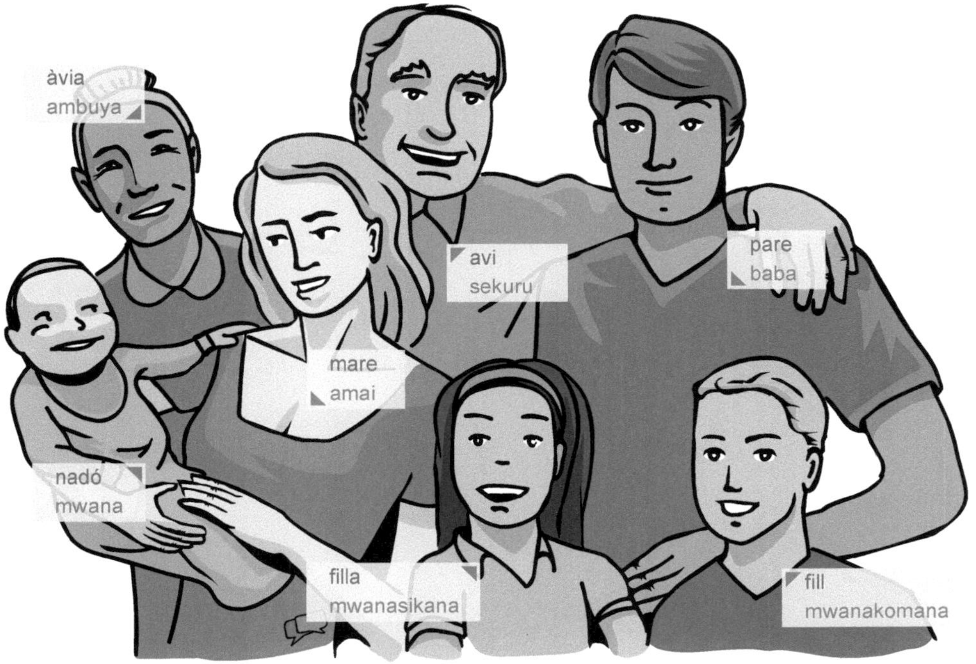

àvia
ambuya
avi
sekuru
pare
baba
mare
amai
nadó
mwana
filla
mwanasikana
fill
mwanakomana

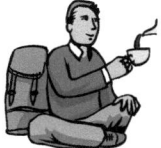

convidat

muenzi

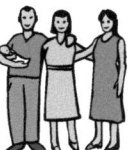

tia

tete

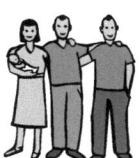

oncle

sekuru

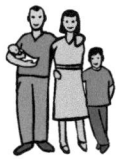

germà

hanzvadzikomana

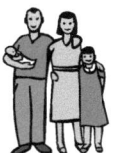

germana

hanzvadzisikana

cos

muviri

front
huma
ull
ziso
espatlla
bendekete
dit
munwe
cara
chiso
barbeta
chirebvu
mà
ruoko
cama
gumbo
pit
chipfuva
braç
ruoko

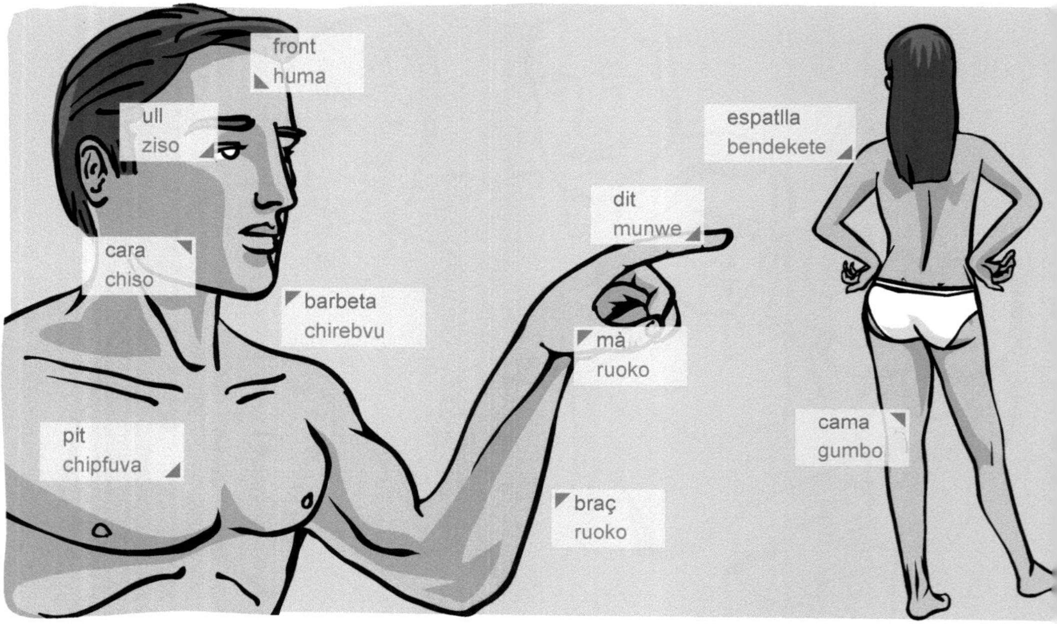

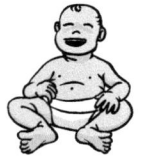

nadó

mwana

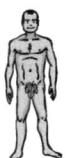

home

murume

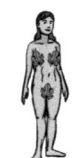

dona

mukadzi

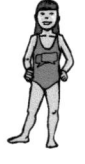

noia

musikana

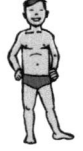

noi

mukomana

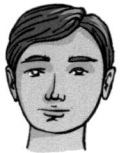

cap

musoro

esquena

musana

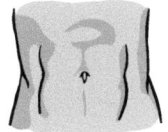

panxa

dumbu

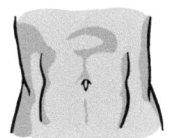

melic

guvhu

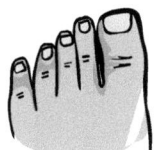

dit gros del peu

chigunwe

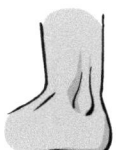

taló

chitsitsinho

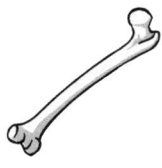

os

bhonzo

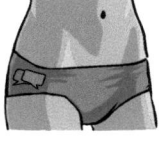

maluc

hudyu

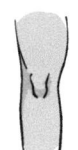

genoll

ibvi

colze

gokora

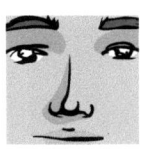

nas

mhino

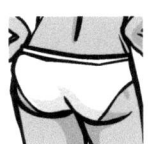

cul

garo

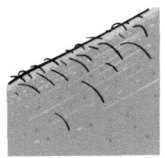

pell

ganda

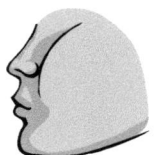

galta

dama

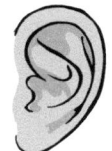

orella

nzeve

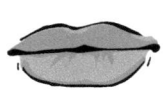

llavi

muromo

boca

mukanwa

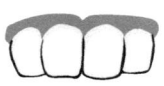

dent

zino

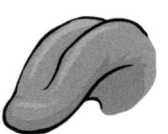

llengua

rurimi

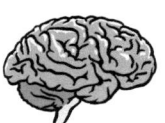

cervell

uropi

cor

mwoyo

múscul

tsandanyama

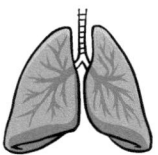

pulmó

bapu

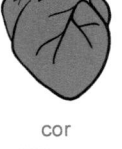

fetge

chitaka

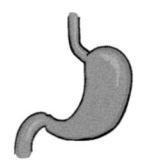

estómac

dumbu

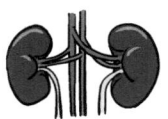

ronyó

itsvo

relació sexual

kuita bonde

preservatiu

kondomu

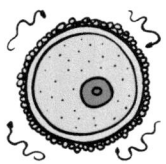

ovari

zai

semen

urume

prenyat

nhumbu

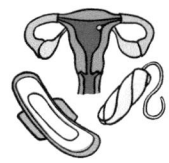

menstruació

kuenda kumwedzi

vagina

sikarudzi

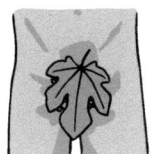

penis

mboro

cella

tsiye

cabells

bvudzi

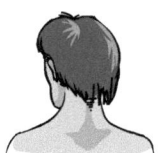

coll

mutsipa

hospital
chipatara

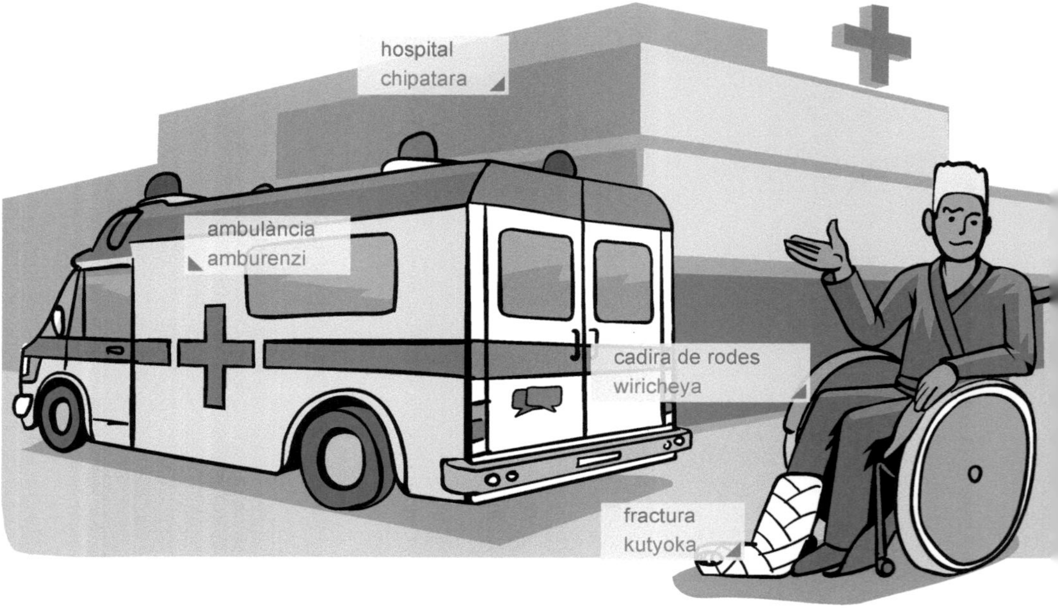

hospital
chipatara
ambulància
amburenzi
cadira de rodes
wiricheya
fractura
kutyoka

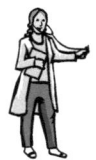

doctora

chiremba

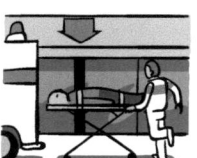

sala d'urgències

imba yerubatsiro

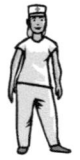

infermera

nesi

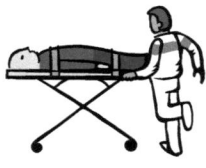

urgència

zvekukurumidza

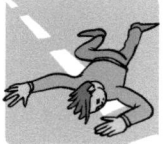

inconscient

kufenda

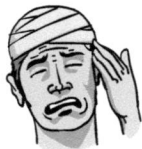

dolor

rwadza

ferida

kukuvara

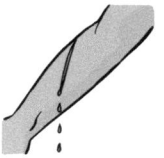

sagnament

kubuda ropa

atac de cor

kuerekana mwoyo
usisashandi

apoplexia

kuoma rutivi

al·lèrgia

zvinorwarisa

tos

chikosoro

febre

fivha

gripa

furuu

diarrea

manyoka

mal de cap

kutemwa nemusoro

càncer

mhuka

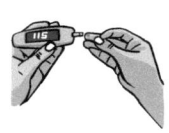

diabetis

chirwere cheshuga

cirurgià

muvhiyi

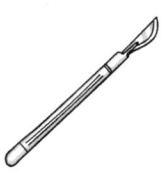

escalpel

kabanga keoparesheni

operació

oparesheni

tomografia computada (TC), TAC

CT

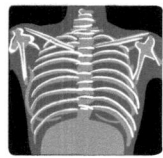

raigs x

x-ray

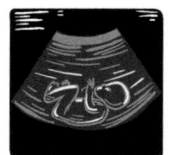

ultrasò

ultrasound

mascareta

chekuvharisa mhino nemuromo

malaltia

chirwere

sala d'espera

mekumirira kurapiwa

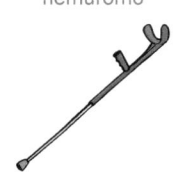

crossa

chidhondoro

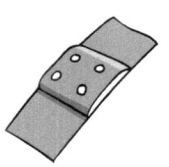

tireta

purasita

embenat

bhandiji

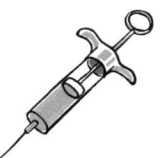

injecció

jekiseni

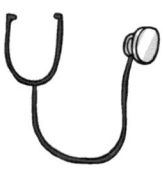

estetoscopi

chekuteerera nacho mukati

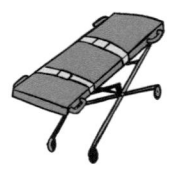

llitera

kamubhedha kemurwere

termòmetre clínic

chekutoresa nacho tembiricha

pariment

kuzvara

sobrepès

kufuta

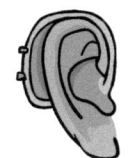

aparell auditiu

chekubatsira kunzwa

desinfectant

mushonga unouraya
utachiona

infecció

utachiona

virus

vhairasi

VIH / SIDA

HIV / AIDS

medicina

mushonga

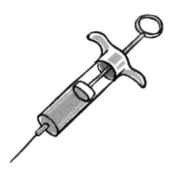

vaccí

kudzivirira zvirwere

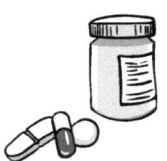

comprimits

mapiritsi

píl·lola

piritsi

trucada d'urgència

kufonera rubatsiro ipapo
ipapo

tensiòmetre

muchina wekuyeresa BP

malalt / sà

kurwara / kugwinya

Socors!

Maiwe!

alarma

bhero

assalt

kurwisa

atac

kurwisa

perill

ngozi

sortida-eixida d'urgència

pekupuda napo zvechimbi-
chimbi

Foc!

Moto!

extintor

chekudzimisa moto

accident

tsaona

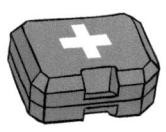

farmaciola de primers
auxilis

zvinhu zvefirst aid

SOS

SOS

policia

mapurisa

Europa

Europe

Amèrica del Nord

Kuchamhembe kweAmerica

Amèrica del Sud

Kumaodzanyemba
kweAmerica

Àfrica

Africa

Àsia

Asia

Austràlia

Australia

Atlàntic

Atlantic

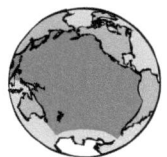

Pacífic

Pacific

Oceà Índic

Nyanza yeIndia

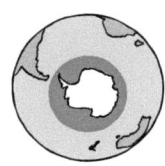

Oceà Antàrtic

Nyanza yeAntarctic

Oceà Àrtic

Nyanza yeArctic

pol nord

Kuchamhembe

pol sud

Kumaodzanyemba

Antàrtida

Antarctica

terra

Nyika

país

nyika

mar

gungwa

illa

chitsuwa

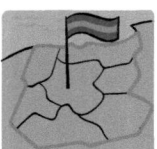

nació

nyika

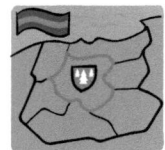

estat

nyika

quadrant
wachi

agulla de les hores
chinongedza awa

agulla dels minuts
chinongedza miniti

agulla dels segons
chinongedza masekondi

Quina hora és?
Inguvai?

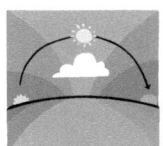

dia
zuva

temps
nguva

ara
izvozvi

rellotge digital
wachi yemanhamba

minut
miniti

hora
awa

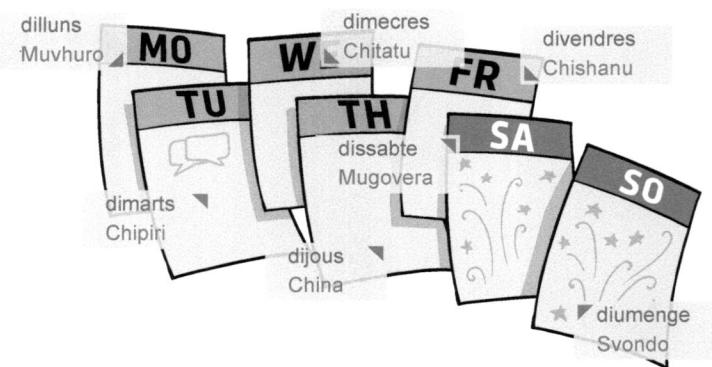

dilluns
Muvhuro

dimecres
Chitatu

divendres
Chishanu

dimarts
Chipiri

dissabte
Mugovera

dijous
China

diumenge
Svondo

ahir

nezuro

avui

nhasi

demà

mangwana

matí

mangwanani

migdia

masikati

tarda

manheru

MO	TU	WE	TH	FR	SA	SU
1	2	3	4	5	6	7
8	9	10	11	12	13	14
15	16	17	18	19	20	21
22	23	24	25	26	27	28
29	30	31	1	2	3	4

dia feiner

mazuva ebasa

MO	TU	WE	TH	FR	SA	SU
1	2	3	4	5	6	7
8	9	10	11	12	13	14
15	16	17	18	19	20	21
22	23	24	25	26	27	28
29	30	31	1	2	3	4

cap de setmana

kupera kwevhiki

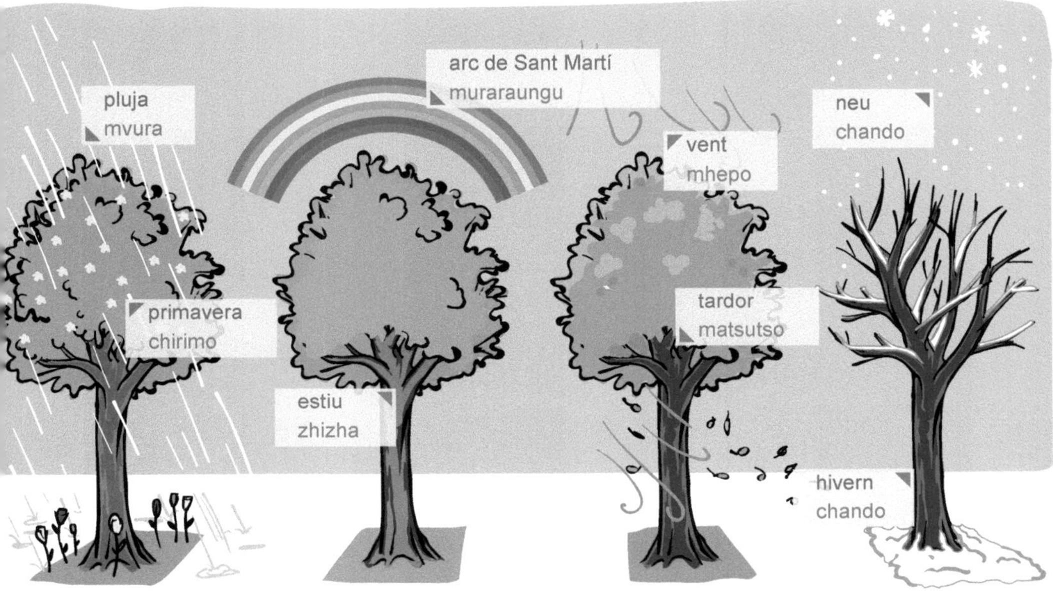

pluja
mvura
arc de Sant Martí
muraraungu
neu
chando
vent
mhepo
primavera
chirimo
tardor
matsutso
estiu
zhizha
hivern
chando

4.APRIL 11°
5.APRIL 4°
6.APRIL 13°
7.APRIL 8°
8.APRIL 10°

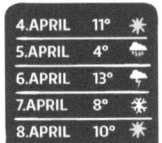

pronòstic del temps

mamiriro ekunze anofungidzirwa

F
C
120
90
60
30
0
-30
40
30
20
10
0
-10
-20

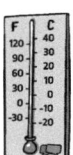

termòmetre

chekutoresa tembiricha

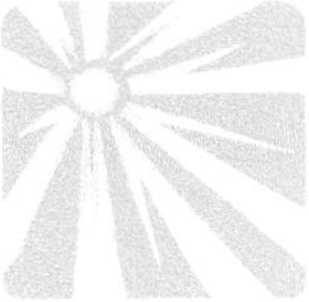

llum del sol

zuva

núvol

makore

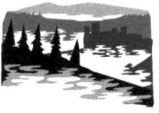

boira

mhute

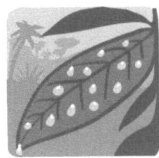

humiditat de l'aire

hunyoro

llamp

mheni

tro

kutinhira

tempesta

dutu

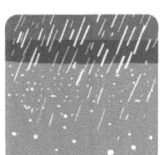

calamarsa

chivhuramabwe

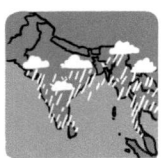

monsó

mhepo ine mvura

inundació

mafashamo

gel

mazaya echando

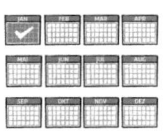

gener

Ndira

febrer

Kukadzi

març

Kurume

abril

Kubvumbi

maig

Chivabvu

juny

Chikumi

juliol

Chikunguru

agost

Nyamavhuvhu

setembre
....
Gunyana

octubre
....
Gumiguru

novembre
....
Mbudzi

desembre
....
Zvita

formes
mashepu

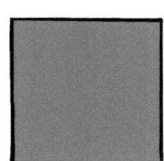

cercle
....
denderedzwa

quadrat
....
sikweya

rectangle
....
rectangle

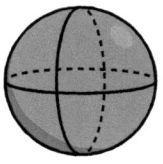

triangle
....
triangle

esfera
....
bhora

cub
....
bhokisi

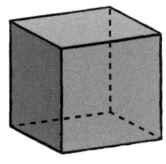

blanc

chena

groc

yero

taronja

orenji

rosa

pingi

vermell

tsvuku

lila

pepuru

blau

bhuruu

verd

girini

marró

kaki

gris

gireyi

negre

nhema

molt / poc

zvakawanda / zvishoma

emprenyat / tranquil

hasha / dzikama

bonic / lleig

naka / shata

començament / fi

kutanga / kuguma

gran / petit

hombe / diki

clar / fosc

jeka / rima

germà / germana

hanzvadzikomana / hanzvadzisikana

net / brut

chena / sviba

complet / incomplet

kwana / kusakwana

dia / nit

masikati / usiku

mort / viu

yakafa / mhenyu

ample / estret

pamhamha / tetepa

comestible / immenjable

unodyiwa / haudyiwi

dolent / amable

utsinye / mutsa

entusiasmat / entediat

kunakidzwa / kufinhwa

gros / prim

kobvuka / tetepa

primer / darrer

kutanga / kupedzisira

amic / enemic

shamwari / muvengi

ple / buit

rakazara / hairina kuzara

dur / tou

oma / pfava

pesant / lleuger

rema / reruka

gana / set

nzara / nyota

malalt / sà

kurwara / kugwinya

il·legal / legal

zvisiri pamutemo / zviri
pamutemo

intel·ligent / ximple

kungwara / kupusa

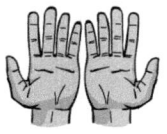

esquerra / dreta

ruboshwe / rudyi

prop / llunyà

pedyo / kure

nou / usat

matsva / matsaru

res / quelcom

hapana / chiripo

vell / jove

kuru / duku

encès / apagat

batidza/dzima

obert / tancat

vhurika / vharika

silenciós / sorollós

nyarara / ruzha

ric / pobre

mupfumi / murombo

correcte / incorrecte

chakanaka / chakaipa

aspre / suau

kukasharara /
kutsvedzerera

trist / content

kusuwa / kufara

curt / llarg

pfupi / refu

lent / ràpid

nonoka / kurumidza

humit / sec - eixut

nyoro / oma

calent / fred

dziya / tonhora

guerra / pau

hondo / rugare

0

zero

zero

1

u

potsi

2

dos

piri

3

tres

tatu

4

quatre

ina

5

cinc

shanu

6

sis

nhanhatu

7

set

nomwe

8

vuit

sere

9

nou

pfumbamwe

10

deu

gumi

11

onze

gumi neimwe

12

dotze

gumi nembiri

13

tretze

gumi netatu

14

catorze

gumi neina

15

quinze

gumi neshanu

16

setze

gumi nenhanhatu

17

disset

gumi nenomwe

18

divuit

gumi nesere

19

dinou

gumi nepfumbamwe

20

vint

makumi maviri

100

cent

zana

1.000

mil

chiuru

1.000.000

milió

miriyoni

anglès

Chirungu

anglès americà

Chirungu chekuAmerica

xinès mandarí

Mandarin yekuChina

hindi

ChiHindi

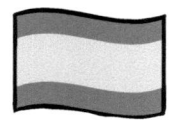

espanyol

ChiSpanish

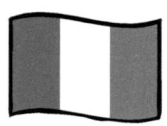

francès

ChiFrench

àrab

ChiArabic

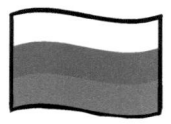

rus

ChiRussian

portuguès

ChiPortuguese

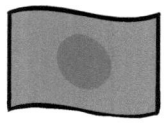

bengalí

ChiBengali

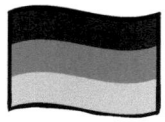

alemany

ChiGerman

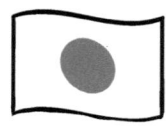

japonès

ChiJapanese

jo

ini

tu

iwe / imi

ell / ella / allò

iye

nosaltres

isu

vosaltres

imi

ells

ivo

qui?

ani?

què?

chii?

com?

sei?

on?

kupi?

quan?

riini?

nom

zita

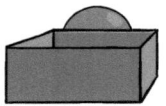

darrere

seri

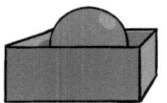

en

mukati

davant de

pamberi

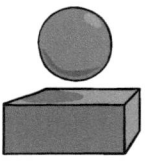

damunt

nepamusoro

sobre

pamusoro

sota

pasi

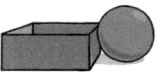

al costat

divi

entre

pakati

lloc

nzvimbo